12 即將來臨的改變——
魁北克省。蒙特婁

在我想出走遍世界各地搭乘地鐵、公車與火車的點子之後沒幾個月，當時還是我女友的艾琳就和我一起買下一間房子。對我們而言，那是很重大的一步。在這之前，我們兩人都是租屋族，分別住在蒙特婁同鄰里的不同公寓內。一開始，我們不免擔心繳付房貸以及水電費與財產稅的壓力可能會危及我們的關係。不過，面對共同生活的種種挑戰反倒讓我們的關係更加深厚，於是我們就在開始同居一年後結了婚，近來還得知我倆即將誕生的孩子是男孩。

我相信你選擇的住處能反映出你是什麼樣的人。所幸，艾琳和我在大事上的觀點相當一致。儘管我能接受住在小鎮裡，但我倆對市郊都毫無興趣；此外，我們倆也都希望有朝一日能住在湖上小屋裡。由於艾琳找到了一份教書工作，所以不想住得離她的學院太遠，因此我們就把找房的範圍限定在市區內。我們有個朋友是絕佳的房地產仲介，於是在他的協助下，我們登上一棟又一棟公寓的樓梯，比較一間間住宅裡的壁爐與陽台，也認真思考了房子應該離公園、市場、學校與大眾運輸多近。我們雖然走遍全市各地，真正中意的物件卻都在同一個鄰里，甚至是同樣的少數幾條街。最後，我們終於作出決定。距離那間房子兩個街區處有個露天咖啡座，當初在十月下旬一個天氣異常宜人的下午，我們兩人就是在那兒初次注意到彼此。

我們的住處位在烏特蒙區（Outremont）東端，是個中產階級鄰里，位於蒙特婁市中心以北幾英里處。我們那條街道上的住戶包括哈西德猶太人（Hasidic Jews）、年老的希臘人與義大利人、說法語的家庭，以及不久之前從加拿大、美國與歐洲來到此地的藝術家與學者。我們周遭的街區上約有六千名哈西德猶太人居民，他們通常選擇在這類密集的鄰里定居，原因是他們在安息日不得開車，所以不能住得離猶太教堂太遠。有些鄰居雖然厭惡他們並排停放的休旅車與行駛緩慢的校車，但哈西德猶太人提供了珍．雅各所謂的「街道之眼」：我們那個區域未曾聽聞有過闖空門的現象，小孩——甚至是幼兒——也能在沒有大人陪伴的情況下在公園、街上安全玩耍。由於烏特蒙區的街道相當適宜行走，所以我得知這裡和西費城一樣原本是電車市郊，也毫不意外。在一九五〇年代之前，這裡的主要幹道上原本有電車行駛。每到夏天，柏油路面一旦在高溫與橡膠輪胎的摩擦下剝落，昔日的電車軌道就會浮現，猶如突出於表皮外的骨頭。鄰里當中的兒童一旦拿著彈跳棒、呼拉圈和滑板車出門玩耍，感覺就像是一九二〇年——當地大多數的住宅也正是興建於那個時代。

艾琳在蒙特婁出生，她的家人至今也仍住在這裡，而我則是在十五年前遷居此地。這座城市與費城有幾個共同的特點：兩者在北美洲都算是古老的城市——蒙特婁由天主教徒建於一六四二年，費城由貴格會信徒造於四十年後——而且經過富裕、影響力龐大的全盛時期之後，都經歷過長期的經濟停滯。自從六〇年代以來，由於魁北克省看似終將脫離加拿大，獨立建國，於是構成上層階級的英語居民便紛紛逃離蒙特婁。有些人搬到西島（West Island）以英語居民為主的市郊，有些人則是遷往隔壁的安大略省。我在九〇年代中期來到蒙特婁，當時一場追求魁北克省獨立的省級公投才在幾個月前以些微差距遭到否決。當時，這座城市彷彿感染了某種消耗病：市中心不少街區的房屋完全無人居住，門窗盡皆封了起來，而且一整幢連棟房屋只需不到十萬美元就能買到。好的工作機會不多，但你如果是音樂家、藝術家或作家，那麼蒙特婁絕對能讓你沉浸在浪漫的破舊環境、活力盎然的街頭文化與褪色的光輝中，還能享有低廉的房租。有點像是九〇年代的布魯克林，或是今天的費城。

不過，進入新世紀之後的蒙特婁卻發生了一陣奇特的現象。政治恢復了穩定，待下來的英語居民紛紛學習法語，經濟狀況出現改善，人口也慢慢回流到原本遭到遺棄的市區。這樣的復興主要可歸功於蒙特婁傑出的住宅。在費城，標準的住宅單位是三層樓的磚砌連棟房屋；在蒙特婁，則是三層樓的磚砌公寓，每層樓都分屬不同屋主所有或是個別出租。蒙特婁的三層樓公寓原本是為大家庭而設計，也是依照戰前的高建築標準建成，是寬敞又節能的都市住宅。

艾琳和我住在一棟建於經濟大蕭條時期的三層樓公寓。我們住在採光良好的三樓，平時採購日用品都靠步行，分別到麵包店、蔬果商和魚販處採買。由於商家知道許多顧客都沒有車，因此當地的街頭小店仍然以老式的三輪車為顧客送貨到府。從人行道上將物品搬上三十五階的樓梯到家門口，讓我們得以保持身材，而且我們也很期待在這個鄰里中養育孩子：這裡有許多托育場所，每天上午都能看到保姆帶著列隊成排的幼兒到當地的公園活動。這種老式都市生活的吸引力似乎愈來愈強：我們這個鄰里的公寓價格在不到七年間已然倍增，接著又漲為原本的三倍。

我剛搬到蒙特婁時，這裡的大眾運輸系統堪稱破敗不堪。蒙特婁為了一九六七年世界博覽會所興建的地鐵雖然仍提供基本服務，但已有多年不曾擴展路線。六〇年代對於粗暴水泥建物的著迷，為這座城市留下不少縱橫交錯的醜陋高架快速道路，其中許多都已近耐用年限：二〇〇六年，一條高架道路崩塌，導致五名車內乘客喪生。（看起來有如一大坨麵條的脫科特高架交流道〔Turcot Interchange〕，處處可見水泥剝落的情況，現在只靠著鐵絲網與眾人的祈禱支撐。）我如果有需要，就搭地鐵與公車，不過平時主要都是靠兩輪移動，夏天騎一部老舊的公路單車閃避路上的坑洞，冬天則是改騎裝有雪胎的單車，以便因應融雪與滑溜的結冰路面。

令我訝異的是，蒙特婁竟然在近來推行了不少北美洲最進步的運輸及土地使用政策。閒置了數十年的停車場與棕地已開始建起新公寓，而且經常是典型的磚砌連棟房屋，但帶有屋頂露天平台和現代化設備；這些建物許多都鄰接地鐵站以及班次頻繁的公車路線。在距離我們家一個街區的帕克大道（Parc Avenue），市府劃設了尖峰時刻僅限大眾運輸工具通行的車道，並將老舊的柴油公車替換為六十英尺長的雙節公車，而且班次極為頻繁，幾乎隨時搭車都有空位可坐。一項精巧的平面及電視宣傳活動強調了大眾運輸的環保效益，並且讓搭乘大眾運輸看來新潮時尚。此外，易於使用的智慧卡也加速了公車的上下客速度。

蒙特婁目前仍然沒有連接機場的鐵路，但有一班快捷公車以頻繁的班次從市中心載運乘客前往機場，票價只有計程車車資的五分之一。在這些改善措施的激勵下，乘客數出現大幅增長：蒙特婁居民平均每人每年搭乘兩百二十四趟大眾運輸，榮膺北美洲人均大眾運輸搭乘量之冠，甚至還勝過紐約。這座城市擴展了地鐵路線，也增設了新車站，卻沒有削減公車服務，因此也就沒有引發我在紐約、洛杉磯與波特蘭目睹到的那種不滿情緒——在那些地區，大眾運輸機構都在增建基礎設施的同時縮減基本營運服務。二〇一〇年，蒙特婁的大眾運輸系統被選為北美洲最佳的大眾運輸。都市計畫者都對「溫哥華主義」興奮不已，但他們也許該好好研究蒙特婁的模式，以此做為更能普遍適用的永續性都市化發展。

蒙特婁絕對稱不上是無車城市。即使在我搬到這裡之前，就曾耳聞此地的駕駛人缺乏行車禮儀與耐心的程度足堪與巴黎人相比，蒙特婁的汽車駕駛直到現在還是既無禮又沒耐心，不過目前已經已有對汽車的反彈聲音出現了。皇家山高原（Le Plateau-Mont-Royal）是市中心一個以法語居民為主的自治區，當地的區長費杭岱（Luc Ferrandez）推行了交通寧靜管理政策，他所屬的政黨領袖也正是《汽車黑名冊》（*The Black Book of the Automobile*）一書的作者，該書猛烈抨擊汽車對社會與環境帶來的衝擊。蒙特婁的單車道路網雖然仍處於初期發展階段，而且設計也不佳，但路網里程卻年年增加，而且現在還有一項廣受喜愛的單車共享計畫，稱為「比克西」（Bixi），在遍布市區各地的取車站提供五千部堅固耐用的單車。趕時間的時候，我可以在距離我們家門口幾百碼的取車站租借一部比克西，騎過幾個街區到最近的一座地鐵站。

許多人都告訴我和艾琳，一旦我們有了孩子，一定非買車不可。我們對這個說法並不是那麼確定。我們真正需要用到車的情況少之又少，而且就算需要搬運家具或是到朋友的別墅造訪，我們也有「公有汽車」（Communauto）——蒙特婁版本的利波卡汽車——的會員身分。此外，走訪哥本哈根讓我冒出一個點子。我們近來在住家附近發現有一對夫妻從丹麥購得一部載貨單車，用來載運兒女上下學。購買載貨單車的費用比起休旅車的價格，實在微不足道，卻能讓我們載孩子到托育中心、學校或是公園。艾琳和我原本對這輩子都不必買車的想法不免還有懷疑，但現在我們則懷疑這輩子會有買車需要。

親眼目睹蒙特婁的緩慢重生讓我對費城的未來充滿信心。美國還有其他許多城市也都具有適宜步行的市中心鄰里，我認為這些城市的前景同樣一片光明。在七〇年代被許多人視為無可救藥的紐約，就是城市復興的典型例子；至於舊金山、芝加哥、波士頓、明尼亞波利與波特蘭等城市，這些地方的市中心區的活力則是從來不曾喪失過。隨著促使北美大都市瘋狂發展的廉價石化燃料時代畫下句點，為了成長而成長的意識形態也已然走到盡頭。就房屋與城市而言，愈大不一定愈好。愈大只會帶來愈多的假豪宅；愈大只會帶來蔓延分散到居民都不曉得鄰居住著什麼人的市郊住宅區；愈大只會帶來愈久、愈讓人心靈枯竭的通勤時間。愈大其實是愈愚蠢。

在我剛展開這場旅程之際，明智的大眾運輸在北美洲的前景似乎一片光明。按照歐巴馬政府的說法，美國就算不可能出現相當於州際公路系統的高速鐵路網，至少汽車與火車的比重也會較為平衡。不過，儘管為新鐵路及大眾運輸計畫所規劃的資金原本就微不足道，許多冥頑不靈的州長卻連這麼點錢也不肯放行，而且激勵將資金主要投入道路與汽車，接著徹底用罄。反稅的共和黨在國會取得多數席位之後，隨即推動在二〇一二年預算中削減三分之一的運輸開支，也就是說，大部分的聯邦資金都只能用於維護既有的高速公路上。（在加拿大，聯邦政府不但在城市事務中扮演的角色相當微小，其保守派政府更是完全無意把資金投注於大眾運輸或客運鐵路上。）美國原本擁有一個歷史性的機會，能在已有半世紀之久的高速公路網絡與永續性的鐵路運輸之間求取平衡，但這個機會如今恐怕已慘遭浪擲了。整個北美洲都將為此付出代價，在未來數十年間承擔競爭力低落的後果。

我們幾乎可以確定，即將來臨的改變必然會在城市、區域或州的層級發生。大眾對於更佳的都市發展與大眾運輸的要求日益成長，而在永續大眾運輸上有所投資的城市將可收割投資的效益。若要從車陣中拯救我們的城市，就必須迎接大眾運輸導向發展、對市中心的老舊鄰里進行填入式開發，並在低密度區域興建多戶住宅與公寓大樓；也必須棍棒與胡蘿蔔齊使，一方面提高汽車的行車難度與停車的成本——一個簡單的起步做法就是聆聽「薛普族」的呼籲，依循加州大學教授薛普的追隨者所提出的要求，將效益低落的停車空間轉變為高效益的新建案——另一方面則以安全、舒適又班次頻繁的大眾運輸吸引更多新乘客。對城市而言，尋求重生必須打造高品質的單車道、行人導向的都市空間，以及金錢所能購得的最佳大眾運輸系統——而且不能縮減公車服務的班次頻率或品質，以免損及快捷大眾運輸的運作效果。事實已一再證明地鐵是城市最可靠也最有效率的大眾運輸型態，但對於負擔不起興建地鐵的城市，公車捷運及輕軌也是極佳的替代方案。新的大眾運輸系統由於自動化的進展，將不必負擔過去免不了的龐大人力成本；不過，公車永遠都需要司機，而且城市也絕對不該削減大眾運輸員工的薪資與福利——畢竟，他們手中掌握的可是大眾的生命安全。

如何轉變市郊地區——特別是北美城市的市郊——將會是一大挑戰。不過，這不表示市郊已經完全無藥可救。地鐵與輕軌系統能靠班次頻繁的接駁公車擴展服務範圍，在分布於各大交通幹道的公車停靠站接駁通勤乘客（這種做法在波哥大、多倫多與蘇黎世都有極佳的效果）。像費城的賓州東南運輸這種既有的通勤鐵路網，只要單純提高班次頻率——例如每半小時發一班車，而不是每小時才發一班——即可形成有效的市郊大眾運輸系統，足以和巴黎的區域快鐵相比擬。至於缺乏既有鐵路網的城市，只要採行公車捷運系統，搭配公車專用道、公車優先通行的號誌設計以及便利快速的服務，即可將市郊與市中心連接起來，甚至將都會邊緣的辦公園區、購物商場與邊緣城市也連成一氣。

要做到以上這些，我們必須發揮創意找尋資金來源。對於當今的政客而言，提高汽油稅也許會是政治自殺之舉，但大眾運輸可以有其他各種補貼來源，包括停車費與塞車稅、公路與橋梁通行費、對大公司徵收的薪資稅，以及碳排放稅。（目前已有少數幾個大眾運輸機構自行開發大眾運輸附近的商業與住宅房地產，而不只是將土地賣給私人開發商——洛杉磯都會運輸局就是一例。）大眾運輸若要具備永續性，我們就不能聽從若干狂熱分子的呼聲將其徹底私有化。畢竟，這種做法在英國與澳洲已證明是一大災難。已開發國家幾乎每一座大城市的大眾運輸網都不免在發展歷程中的某個時間點收歸市有，這種現象不是沒有原因的：私人企業在經營繁忙的路線上雖然可能有令人讚賞的表現，歷史卻一再證明私人企業對繁複的大眾運輸網的經營不可能以公眾利益為依歸。歷史的教訓顯示，擁有區域視野和統合規劃督導權的公家機構才是最佳的大眾運輸經營者。

城市的救贖可以從重新思考都市高速公路這種不良構想的產物做起。密爾瓦基、舊金山、巴爾的摩與紐哈芬都已藉由拆除部分市內快速道路的路段而復興了若干鄰里。西雅圖的阿拉斯加路高架橋（Alaskan Way Viaduct）、紐奧良的十號州際公路、克里夫蘭的西濱公路（West Shoreway）以及費城的九十五號州際公路部分路段，也可能會被改建成設有紅綠燈的林蔭大道，或是徹底拆除。（快速道路正是造成都市荒蕪的元凶，因此透過拆除道路而啟動都市復興的進程，也是令人稱快的正義實現。）

我以大眾運輸乘客的身分走訪世界各地已有幾年的時間，我不會謊稱說我得到的向來都是令人振奮的體驗。搭乘大眾運輸能看到各式各樣的景象。在上海，我看到一個身形瘦小的乞丐男孩走進地鐵車廂，對著座位上一名衣著光鮮的婦女，雙膝著地，不停磕頭，一再以額頭撞擊車廂地板，直到她遞給他一枚硬幣才肯干休。在洛杉磯一班開往威爾榭大道的公車上，我不得不忍受前方座位上一個女人的大聲咆哮，只見她以裹滿繃帶的手抓著手機，對著一個接一個的志工聲稱她居住的大樓裡有「公然信奉撒旦的信徒」，不但對她下了咒，還在她門前的擦鞋墊上留下死鴿子。在鳳凰城，有個眼神怪異的婦人，嘴唇上的口紅塗得歪七扭八，頭上還戴著布滿花飾的圓帽，和我一同下了電車，跟在我身後穿越了幾座停車場；最後我才在一家美妝店的貨架間甩掉她。不過，我唯一遭遇的犯罪行為是在波哥大的一班公車上被人扒走一支廉價手機，扒手的技術極佳，我一直到回到旅館後才發現手機不見了。在我搭乘大眾運輸的經驗中，未曾見過暴力事件，也沒遭遇過嚴重事故。回想起來，我在旅程上目睹過的死亡事故——不論是印度高速公路上的屍體，還是州際公路上撞毀的卡車旁滿是血跡的路面——這些全都發生在車道上。

而且，除了少數令人不安的情景之外，我見到的是更多不計其數的善心之舉。在波特蘭的ＭＡＸ列車上，一個拉丁裔少年看到一名手持拐杖的盲人就快撞上門柱，隨即跳起身來，輕柔地拉住他的手肘，引導他走向正確的方向。在京都火車站外，我迷惘地看著該市的公車地圖，一名頭戴人字呢帽的乾瘦老者隨即跨下單車，以不甚通順的英語問我想去哪兒，接著便帶我走到正確的站牌，直到看我搭上正確的車班之後才騎車離開。在柏林地鐵上，我看著兩名母親同時上車，其中一人戴著穆斯林的頭巾，另一人的脖子上掛著十字架項鍊。第一個母親拉著一個小女孩的手，第二個母親則是以嬰兒車推著一名男孩，兩人在相鄰的座位上坐了下來。那名穆斯林女子的女兒有著一頭鬈髮，大約四歲，她突然和嬰兒車上的男孩四目相對，於是向他揮了揮手。那名男孩睜大眼睛，露出靦腆微笑，也舉起手，接著小女孩便看向自己的母親而咯咯笑了起來。他們在幾站的距離間不斷互相窺看對方。後來，隨著那名金髮母親拉著嬰兒車走向門口，男孩於是嚴肅地向他新交的朋友揮手道別。兩名母親對視了一眼，雙雙笑了起來。他們從頭到尾都沒有開口交談：這是一部美妙的小小默劇，是城市裡一個人際連結的片刻。

我還是會想到達利與柴契爾夫人把大眾運輸乘客貶斥成窩囊廢與失敗者的說法。不過，他們是汽車世紀的產物，如今看來，那個時代對引擎馬力的執迷已不免顯得病態。雖然我也是聽著汽車帶人逃離滯悶生活的浪漫傳說中長大的，但我願意接受比較緩慢、根基比較深固的生活。道路上的叛逆人士沒有提到這一點：高速公路雖然讓他們得以前往追尋心目中的真理，卻也摧毀了城市裡許多充滿活力的真實事物。近來，相對於自由的另一種象徵——列車及其孤獨的笛聲——在我耳中聽來顯得甜美許多。你在列車上能看見大地上的景色，你能認識其他人，孩子會對你揮手，你也能揮手回應。軌道將不同的地方連接起來，高速公路則是加以撕裂。

此外，我也沒有什麼重大的旅行計畫。我已花了一段時間遊歷世界，認真思考我自己想居住的地方，也聽過許多人分享他們希望以什麼樣的方式讓自己的社區變得更好。艾琳和我做出了選擇；我們找到了屬於我們的社區。現在，我該想起自己八歲那時的智慧：那個身穿白色套頭毛衣的男孩，以「大富翁」的飯店棋子建造出一個城市街區的模型——那個街區看起來不像停車場，而比較像是公園。

有時候，尋得一個更美好之地的最佳方式，就是努力把你我身處的地方變得稍微好一點。

致謝

每一本書都是一趟旅程。但這本書感覺卻像是一場長達三年的列車之旅——幸運時搭乘的是子彈列車，但我通常搭的都是外殼閃亮但性能老舊的市郊電車。所幸，每一座車站都有人告訴我該往哪條軌道去；如果不是他們，我絕對回不了家。（當然，我的旅程並不完全都是搭乘列車；為了彌補我在為本書蒐集資料的過程中所搭乘的飛機里程，我向總部位在英國的「氣候關懷」組織〔ClimateCare〕購買了相應的碳補償額度。）

首先，我要感謝我的經紀人 Michelle Tessler，她總能在最具挑戰性的環境中達到絕佳的成果；還有先前任職於亨利霍爾特出版公司（Henry Holt and Company）的 Webster Younce，他對這部旅行日誌反應極為熱切。我在亨利霍爾特出版公司的編輯 Gillian Blake 則提供了建議與鼓勵，也為書中內容做出恰到好處的刪節。哈潑柯林斯出版社（HarperCollins）的 Jim Gifford 對於都市的一切都深感興趣，因此和他合作起來非常愉快。

在上海，Toby Skinner 在臨時接獲通知的情況下，對二〇一一年汽車展做出絕佳的最新報導。

在紐約，區域規劃協會的 Jeff Zupan 為我提供了紐約大都會的大眾運輸史的珍貴背景知識；Gene Russianoff 在「大眾運輸乘客權益運動」（Straphangers Campaign）這個名稱令人激賞的組織當中，以幽默而坦率的態度和我分享他終生搭乘地鐵的經驗，*Streetsblog* 的 Mark Gorton 則是對改變曼哈頓的街道充滿熱情。布魯克林的 Sarah Hoida 與 Andrew Pink 為我提供了住宿與親切的陪伴，還和我分享了匪夷所思的大眾運輸軼事。David Pirmann 是內容廣博的「紐約市地鐵」網站（nycsubway.org）的主持人，他帶我參觀了紐約地鐵系統當中若干鮮為人知的角落。

在洛杉磯，Gloria Ohland 介紹我認識了這座城市的大眾運輸運動人士，也帶我品嘗美味的韓國餐點。都會運輸局的 Alexander Kalamaros 很有耐心地引導我參觀輕軌系統的重點。Yuri Aritibise 與 Tony Arranaga 則花了許多時間論證目前認定鳳凰城無藥可救還言之過早。

深深感謝 Alexandra Limiati 與 Guillaume Blanchaud——還有小 Étienne——和我分享在巴黎的生活，也感激 Bruce 與 Cécile 帶我到聖馬丁運河上享受一場懷舊的野餐。Mark Ovenden 與 Julien Pepinster 是絕佳的地鐵導遊；法國的頭號「地下墓穴痴」Gilles Thomas，則是以他對巴黎地底那些錯綜複雜的墓穴的深入瞭解讓我驚奇不已。

在前往哥本哈根的旅程上，感謝 Hans-Georg Herr 在臨時通知下立刻為我安排弗萊堡之旅；感謝 John Pucher 向我提示歐洲有哪些優秀的單車城市，也感謝 Gwénaëlle Callec 與 Michael Schaefer 在柏林收容及餵食我這個發燒的旅人。在哥本哈根，Maibritt 與 Jon Lewis 為我介紹了紛繁複雜的丹麥大眾運輸以及神奇的素肉產品「quorn」；Øjvind Schwedler 針對哥本哈根的單車騎乘現象為我提供了豐富的背景知識。

我非常感激 Eric Scott 與 Yakov Rabkin 介紹我認識 Anastasia Popkov。她對於莫斯科地鐵的講解百無禁忌，也在街道上發揮耐心為我充任通譯。

若是沒有 Scott Chernoff 與 Jennifer Menard 的熱情招待與引導，我在東京那座迷宮裡絕對找不出任何頭緒；Scott，謝謝你精神上的支持，你持續提供最新消息，也不斷認真進行探究。在 Scott 介紹我認識的許多人當中，我要感謝 Beniko Hayazaki、Tomoko Hayazaki、Michie 與 Hiroshi Shimmoto、Marika 與 Risa，還有 Lisa Shikama。Christian Dimmer 針對公共空間提供了絕佳的觀點，我也要感謝 Gabriel Banks 對日本城市的深入洞見。此外，還要感謝 Keiko Kawamura 協助通譯，以及 Chester Liebs 撥冗向我說明日本人的單車騎乘習慣。

在波哥大，我生疏的西班牙語根本不足以理解哥倫比亞俚語，所幸 Carlos Moreno 即時伸出了援手。Carlos Pardo 幽默而體貼地為我提供了千禧公車與尖峰時刻車號管制的背景說明。

在費城，感謝「費城無車網」（carfreephilly.com）與「城市貓咪」網站（citykitties.org）的 Lori 與 Lou 帶我進行了一趟美妙的西費城單車之旅。

在溫哥華，感謝我的姐妹 Lara 與她的先生 Justin Aydein 到機場接我、帶我吃了美味無比的外帶印度餐點，偶爾還在深夜邀我玩上幾局 Xbox 遊戲。一如往常，我的父母 Paul 與 Audrey Grescoe 仍然給我堅實的支持。爸，感謝你適時提供最新資料與網路連結，協助校正標點符號，給我適切的鼓勵。媽，感謝你詳盡而且充滿幽默註記的研究、你對各章的仔細閱讀，也感謝你願意放任我這個任性的兒子在寫作上的執迷。如果沒有你們，我絕對不可能有足夠的自信與堅持能完成任何一本書。

蒙特婁的 Zvi Leve 熟知哪裡有美味咖啡，也和我分享了他在全球大眾運輸界當中的人脈。Daniel Rotman 與 Ryan Osgood 以絕佳的整理功力幫我謄寫了紛雜的訪談內容；兩位，感謝你們專業與快速的表現，還有充滿機鋒的旁注。

在西伯利亞鐵路上的旅程顯得永無止盡之際，所幸有我太太 Erin Churchill 的陪伴。我要感謝我太太在後勤上的實質幫助——包括吃力不討好的謄寫工作——也要感謝她容忍我在為本書蒐集資料以及撰寫過程中經常離家在外，而且就算在家的時候也常心不在焉。她的樂觀態度與濃情蜜意是這一路上支持我的力量。親愛的，我已等不及要和你一齊展開下一階段的旅程了。

推薦

新的移動倫理

——國立台灣大學建築與城鄉研究所、土木工程學系教授　畢恆達

親身搭乘各種交通工具的體驗報導，加上深入的訪談與文本資料分析，《不開車，在路上》探究了紐約、巴黎、東京、哥本哈根等十餘個城市的大眾運輸系統與城市發展的內幕故事。讀者彷彿穿過時光隧道、遊走城市、想像未來，想像一個可以便利、便宜又永續地移動的都市未來。作者格雷斯哥有明確的價值立場，書名就告訴我們要從汽車中解放，以拯救我們的都市與我們自己。中文書名：《不開車，在路上：一個通勤族的全球都會觀察》則相對沒有那麼激進。

汽車的普及耗費珍貴的能源、製造空氣污染與噪音，道路與停車場佔據了都市巨大的空間，同時汽車也阻礙了人際互動，加深族群之間的衝突。讓我們回想，一九九二年美國洛杉磯市因陪審團宣判四名被控「使用過當武力」的白人警察無罪釋放，引發一場大規模騷動，導致五十三人死亡，數千人輕重傷，震驚全球。這起騷動根植於洛杉磯長期的種族衝突與張力，其與當地的空間發展結構也密不可分。住商分離的分區使用與無盡蔓延的高速公路讓洛杉磯市的中產白人一出家門就直接連上高速公路，然後開進超大街廓開發的辦公大樓地下室停車場，在上班與購物休閒的路途中，可以不與任何「不受歡迎人士」（undesirable people，如少數族裔、遊民）相遇。門禁森嚴的住宅社區、堡壘般的購物中心與辦公大樓、舊有巷道消失變成建築物的內部通道、雇用私人警衛巡邏，以及無所不在的監視器，讓洛杉磯形同一座軍事要塞（fortress city）。作者格雷斯哥形容這裡的人好像都各不相干，住民分散而孤立。

洛杉磯是全球停車空間佔都市用地比例最高的城市，而郊區（如橘郡）則是一座沒有中心的邊緣城市，幾無公共空間。前些年我住在洛杉磯海灘旁的旅館，因要到舊城中心拍攝塗鴉，我不會開車，詢問旅館工作人員，如何搭公車與地鐵前往。沒想到把服務台工作人員問倒了，他說幾年來從來沒有房客會搭乘大眾運輸。

相對而言，紐約市（曼哈頓）則是一個大眾運輸便利，卻開車不易的都市，那裡停車費往往比林肯中心音樂會的門票還貴。搭乘地鐵或公車時，各種族群摩肩接踵已是常態。超過一半的紐約市民沒有擁有小汽車，而百分之九十五的通勤人士則是搭乘大眾運輸、騎單車或步行到曼哈頓的中心商業區上班。讓我印象深刻的是一九九一年保羅．賽門在中央公園舉辦戶外演唱會，公園內有七十五萬人同時在場聆聽，等演唱會結束，隨著人潮簇擁走出公園後，人潮竟然就倏乎消化不見了。

不過真的讓人目瞪口呆的還是列車城市：東京，隨便一個地方型的車站，就比台北火車站還要龐大。密密麻麻的列車路網，維繫了有著全日本四分之一人口的東京的日常運作。許多列車路線，尖峰時間每隔兩分鐘發一班車，延誤一分鐘會廣播道歉，誤點超過五分鐘就會發放誤點證明給乘客。每年東京地區搭乘大眾運輸有一百六十億人次，相當於全美國的兩倍半。有八成七東京的市民每日依賴公共運輸移動，雖稍低於香港的九成二，但遠高於交通已堪稱方便的台北市（三成八）。而台灣絕大多數的都市，則更是低於一成。

台灣除了北高捷運之外，都市裡沒有捷運、沒有電車，而公共汽車系統又因為各種利益團體的爭鬥把持，路線與班次完全無法滿足市民的需求。像我這種不會開車，也不會騎摩托車的人，一出台北市，除非有親友接送或者搭乘計程車，否則根本無法逛街。最近中興大學附近機車停車問題不斷遭住民投訴，學生也抱怨，台中市除了中港路之外，其他公車路線經常一等就是半小時到一小時，有的路線甚至一天只有幾個班次，不騎機車怎麼在市區內移動呢？

台灣的都市與交通規劃，基本上還是為汽（機）車而設。從動輒六到八線道的路寬、紅綠燈的秒數控制、到處可見的天橋地下道、只照汽車道不照人行道的路燈設計，都是為了方便汽車可以順利通行無阻。台北市隨便一條忠孝仁愛或是中山光復，放在國外的城市中都可以稱作林蔭大道（boulevard）了。紐約曼哈頓的人口遠高於台北市，但是車道窄而人行道寬，市政府還不斷在不同路段削減車道寬度，為了降低車速，同時讓老人有足夠時間跨越馬路。紐約也是全世界單車專用道成長速度最快的城市。

其實台北市幅員不廣，在沒有捷運之前，我從永和頂溪家裡到公館台大、從台大到市政府開會、來往台大校總區與法學院之間，都是騎乘腳踏車。經過永福橋時，遠眺環繞群山，其實蠻心曠神怡的。台北市自從捷運通車後，大幅改變了許多市民的移動方式，更形塑了新的移動倫理，包括候車排隊（對照以前等候公車的亂象）、搭電扶梯靠右站（還擴大影響到百貨公司）、不在車廂內飲食（吃燒餅總會掉芝麻，沒有食物汽水，讓台北捷運乾淨的可以在上躺臥）。除了捷運路網持續擴充之外，台北市也有人行道路平專案、單車專用道鋪設、U-Bike微笑單車營運計畫、公車專用道設置，希望未來可以因此增加步行、單車與搭乘公共運輸的人口比例。

其實想要最節省（時間與金錢）的瞭解一個城市的方式，就是選擇一條夠長（環形路線最佳）、經過城市不同區域的公車或電車路線，一張車票錢，就可以觀察車內當地人的舉止互動，也觀察窗外沿路經過不同城區的街景風光。回到《不開車，在路上》的根本訴求，用大眾運輸取代汽車，不僅節約能源、減少污染，讓街道成為真正的公共空間，還可以增進族群的互動與理解。作者疾呼，汽車沒有為人們帶來解放，捨棄汽車才有解放的可能。

* * *

「過往我們對於城市、能源、教育等的政策與規劃，都是建立在舊的價值體系上，如果我們不能重新回歸到以人為核心的角度去思考問題，或許將會對未來的生活樣貌失去想像力。透過本書，我們可以看到幾個城市運輸系統發展的觀察、省思與可能性。」

——The Big Issue 大誌雜誌 總編輯 李取中

「以汽車為核心建造出來的城市在美國，大賣場與灰濛濛的天空是它的副產品。以人為核心建造的城市在歐洲，小店與陽光是它的產品。請帶著這本書，用雙腳或者腳踏車，一起走出我們想要的生活。」

——行人文化實驗室總編輯 周易正

「這是一本談「城市移動」的文明觀察，敏銳，好奇，充滿機智與視覺透視，帶你瞬間跳躍於全球各大都會之間。」

——新聞工作者 黃哲斌

「世界上所有最受人仰慕的城市，年輕人會想居住的地方，都擁有極佳的大眾運輸系統，不然也正在興建當中。格雷斯哥説明了這種現象的原因：傑出的地鐵、公車捷運系統、渡船，或是我們在都市空間中移動的其他各種方式，都是人類最文明的發展。本書精彩的論述明確指出，汽車不會為人類帶來解放：不需要汽車才是真正的解放！」

——Bill McKibben，著有《地球・地球：如何在質變的地球上生存？》（*Earth: Making a Life on a Tough New Planet*）

「我瀏覽著《通勤萬歲》，突然看到其中一章談的是東京，這是一座我很熟悉的城市。不過，我很快就發現格雷斯哥對於那座巨大都市的設計與基礎建設所擁有的瞭解比我深入得多，而且説明得清晰易懂又引人入勝。他對世界上其他數十座城市的描寫也都是如此，並以深具説服力的論點證明了城市一旦把私人汽車視為沒有必要的入侵者，即可達到最佳的運作狀態。」

——T. R. Reid，著有《歐洲合眾國》（*The United States of Europe*）

延伸書單

Amar, Georges. *Mobilités urbaines: Eloge de la diversité et devoir d'invention.* Paris: Edition de l'Aube, 2004.

Downey, Morgan. *Oil 101.* New York: Wooden Table Press, 2004.

Evans, Walker. *Many Are Called.* New Haven, Conn.: Yale University Press, 2004.

Florida, Richard. *The Great Reset: How New Ways of Living and Working Drive Post-Crash Prosperity.* New York: Random House, 2010.

Fogelson, Robert M. *Downtown: It's Rise and Fall, 1880-1950.* New Haven, Conn.: Yale University Press, 2001.

Gibert, Richard, and Anthony Perl. *Transport Revolutions: Moving People and Freight Without Oil.* Gabriola Island, B.C.: New Society, 2010.

Goddard, Stephan B. *Getting There: The Epic Struggle Between Road and Rail in the American Century.* New York: Basic Books, 1994.

Kargon ,Robert H., and Arthur P. Molella. *Techco-Cities of the Twentieth Century.* Cambridge,

Mass.: MIT Press, 2008.

Kay, Jane Holtz. *Asphalt Nation: How the Automobile Took Over America and How We Can Take It Back.* Berkley: University of California Press, 1998.

Kunstler, James Howard. *The Geography of Nowhere.* New York: Touchstone, 1993.

Marshall, Alex . *Beneath the Metropolis: The Secret Lives of Cities.* New York: Carroll & Graf, 2006.

Mumford, Lewis. *The City in History: Its Origins, Its Transformations, and Its Prospects.* New York: Harvest/HBJ, 1961.

Ovenden, Mark. *Transit Maps of the World.* London: Penguin Books, 2007.

Owen, David. *Green Metropolis: Why Living Smaller, Living Closer, and Driving Less Are The Keys to Sustainability.* New York: Riverhead Books, 2009.

Rome, Adam. *The Bulldozer in the Countryside: Suburban Sprawl and the Rise of American Environmentalism.* New York: Cambridge University Press, 2001.

Soderstrom, Mary. *The Walkable City: From Haussmann's Boulevards to Jane Jacobs' Streets and Beyond.* Montreal: Véhicule, 2008.

作者

泰拉斯・格雷斯哥 Taras Grescoe

著有《海鮮的美味輓歌：一位老饕的環球行動》（時報，2009）、《老饕犯賤走天涯》（先覺，2008）、《他方的盡頭》、《大吃一斤：魁北克揭祕》。《海鮮的美味輓歌》曾榮獲二〇〇九年中國時報開卷好書獎，而《大吃一斤》不但入圍作家基金會獎決選名單，也是加拿大的全國暢銷書。

他的文章可見於美、英、加三國的各大出版品，包括《獨立報》、《康泰納仕旅人雜誌》、《美食》、《衛報》、《國家地理旅遊者誌》以及《洛杉磯時報》。他現居蒙特婁，這輩子不曾買過車。

譯者

陳信宏

專職譯者，國立台灣大學外國語文學系畢業，曾獲全國大專翻譯比賽文史組首獎、梁實秋文學獎及文建會文學翻譯獎等翻譯獎項，並曾以《好思辯的印度人》入圍第三十三屆金鼎獎最佳翻譯人獎。

譯有《決戰熱蘭遮》、《海鮮的美味輓歌：一位老饕的環球行動》、《失落之城Z》、《胡若望的疑問》、《人口大震盪》、《宗教的慰藉》、《非商業旅人》等書。

Earth 08

不開車，在路上——一個無車主義者的環球城市觀察行

Straphanger: Saving Our Cities and Ourselves from the Automobile

作者—泰拉斯・格雷斯哥（Taras Grescoe）
譯者—陳信宏
主編—李清瑞
責任編輯—林家任
美術編輯—倪龐德
執行企劃—鍾岳明
董事長
發行人—孫思照
總經理—趙政岷
總編輯—陳蕙慧
出版者—時報文化出版企業股份有限公司
10803臺北市和平西路三段二四〇號三樓
發行專線—（〇二）二三〇六六八四二
讀者服務專線—〇八〇〇二三一七〇五
（〇二）二三〇四七一〇三
讀者服務傳真—（〇二）二三〇四六八五八
郵撥—一九三四四七二四時報文化出版公司
信箱—臺北郵政七九~九九信箱
時報悅讀網—http://www.readingtimes.com.tw
電子郵箱—history@readingtimes.com.tw
法律顧問—理律法律事務所 陳長文律師、李念祖律師
印刷—鴻嘉彩藝印刷股份有限公司
初版一刷—二〇一三年五月三日
定價—新臺幣五五〇元
行政院新聞局局版北市業字第八〇號

國家圖書館出版品預行編目資料

不開車，在路上：一個無車主義者的環球城市觀察行 / 泰拉斯・格雷斯哥 (Taras Grescoe) 著；陳信宏譯. -- 初版. -- 臺北市：時報文化, 2013.05
面； 公分
譯自：Straphanger : saving our cities and ourselves from the automobile

ISBN 978-957-13-5755-3(平裝)

1. 都市交通 2. 大眾運輸 3. 旅遊

557.8 102006747

ISBN 978-957-13-5755-3
Printed in Taiwan